W0469744

Meinem Vater († 27. 1. 1955) zum 100. Geburtstag (24. 4. 1977) in Dankbarkeit dafür, daß er mir auch geistlich Vater wurde durch die gelebte Verbindung von Gebet und Arbeit.

Mit kirchlicher Druckerlaubnis
Auswahl aus dem Buch:
Josef Eger, Geistliches Leben aus Gottes Wort
Zweite Auflage, Seelsorge Verlag Echter
Freiburg/Br., Würzburg 1967
Gesamtherstellung:
Fränkische Gesellschaftsdruckerei Würzburg
ISBN 3 429 00522 1

Vorwort

Das Bändchen »Geistliches Leben aus Gottes Wort« ist (in der zweiten Auflage) seit Jahren vergriffen. Deshalb soll hier eine Auswahl daraus geboten werden.

Jeder Einzelabschnitt und das Ganze sind aus einer jahrelangen Praxis »Geistlicher Übungen« herausgewachsen. Und das nicht nur in Form von Vorträgen und Betrachtungen, sondern in vielen geistlichen Gesprächen mit Priestern wie Laien, Ordens- wie Welt-Christen, Menschen aller Berufe und Altersstufen. Vieles ist sehr leidvoll gewachsen. Manche Formulierung ist erst die letzte Frucht vielfältiger Bemühung, in Studium und Gebet.

Der Verfasser gesteht offen und zugleich dankbar, daß er nichts Eigenes bietet, außer in dem Sinn, daß die reiche geistliche Überlieferung der Kirche je neu angeeignet werden muß, um lebendig zu bleiben. Sein Dank gilt, abgesehen von der selbstverständlichen biblischen, vor allem paulinischen, Fundierung den Kirchenvätern, des Ostens wie des Abendlandes, die zu studieren ihm die Möglichkeit gegeben wurde zum Abschluß seines Theologiestudiums (Theologische Dissertation über Ambrosius). Über Augustinus zur mittelalterlichen »Geistlichkeit« (speziell der franziskanischen Bonaventuras) fühlt der Verfasser sich besonders verpflichtet den zwei großen Kirchenlehrern des geistlichen Lebens Johannes vom Kreuz und Teresa von Avila.

Jeder Kundige wird auch die geistliche Art des

Nur der GEIST kann *geistliches Leben* wecken, nähren und vollenden.
GEIST und Leben gehören zusammen. Der GEIST macht lebendig. Das geistliche Leben, das verdichtete, konzentrierte, intimste Leben, das alles andere Lebendigsein trägt, überhöht und überdauert, ist sein eigentliches Leben.

Der GEIST, der das Universum erfüllt, verfügt über ein universales Instrumentarium. Er wird mit jedem Chaos fertig, und keine Urkraft reicht an seine Schöpferkraft ... Der GEIST, der im Alten Bund wie ein Blitz »fallweise« über die Erwählten kommt, ruht nun im Neuen Bund »füllweise« wie auf dem Messias, dem Geistbegabten, auf den Christen als den »Gesalbten« ...

Die durch den Heiligen GEIST *gnadengeschenkte Heiligkeit* verlangt nach der innerlich bejahten und ernsthaft *gewollten Heiligkeit.* Diese Konsequenz durchzieht das ganze Neue Testament von den Evangelien bis zur Apokalypse ...
Wer CHRISTUS angezogen hat, den Heiligen, soll ihn immer wieder neu »anziehen« in einem heiligen Wandel (vgl. Gal 3, 27; Röm 13, 14). Den alten Menschen abtun und den neuen Menschen anziehen, um sich in Geist und Gesinnung zu erneuern, ist nicht Menschenwerk, sondern ist Gottes schöpferische Tat: »Nach Gott geschaffen in Gerechtigkeit und Heiligkeit der Wahrheit« (vgl. Eph 4, 22–24). »Der Heilige soll sich weiter heiligen« (Offb 22, 11).

Das scheinbar vielfältig Verworrene und in Einzelpartien geradezu herausfordernd Schockierende der biblischen Offenbarung beider Testamente (das Neue Testament ist ja strenggenommen nur die durch Gottes Menschwerdung erfolgte Erklärung des Alten) will vor aller Vertrautheit mit diesem Gott zunächst einmal die filternden Vorhöfe und die distanzschaffenden Außenwerke reinigen und absichern.
Geistliches Leben, das nicht diese Daueraufgabe als vordringlich sieht und je neu angeht, sich in diese biblische Ehrfurchtshaltung einzuüben, verkümmert, verflacht und verliert seine geistliche Kraft. Nur aus dieser Wurzel tiefer Glaubensehrfurcht kann es sich dauerhaft und gesund nähren. Erst das ehrfürchtige Erzittern und Erschauern vor der unnahbaren Andersartigkeit und unzulänglichen Heiligkeit Gottes kann erlöst werden zum seligen Erzittern und Erschauern der Liebe, die erkennen darf, daß Gottes unfaßbare Heiligkeit letztlich nur ein anderer Name ist für seine Liebe. Daher wird ja gerade von dieser Heiligkeit in der Offenbarung die *Mitteilbarkeit* betont ...

Kindheit und Alter, die beiden hilflosesten Lebensabschnitte, haben eine besondere Gottesnähe, weil in beiden deutlich werden kann, was Gnade ist als reines, bloßes Beschenktwerden und Sichbeschenkenlassen. Abhängig sein, und zwar total, radikal, universal, in allen Beziehungen, nicht nur in einigen Einzelheiten: wie das Kind von der Liebe und

Sorge der Eltern, und wie der älter werdende Mensch es immer mehr wird ...

Herz - nicht Gesetz

Der Gott der Liebe und Gnade will keine erfüllten Gesetze, sondern ein liebendes Herz. Dieser Herzschlag allein interessiert ihn an aller Gesetzerfüllung. *Herz, nicht Gesetz!* Das ist nicht erst eine neutestamentliche Parole, sondern, wie Paulus im Römerbrief zeigt, schon der Liebesplan Gottes von der Patriarchenzeit her. Das Gesetz hat sich nur »dazwischengeschoben«, ist »zwischenhineingekommen« (Röm 5, 20). In der Prophetenverkündigung (besonders Jes 40–66) bricht dieses ursprünglich Gemeinte immer wieder mit Gewalt durch. Es ist im ganzen Alten Bund, wie wenn der Gott der Liebe es kaum mehr erwarten könne, endlich, endlich einmal sein Herz zu zeigen, ganz, unverstellt durch Zäune und Mauern, sein kochendes und pochendes Herz, dessen Eifersucht der Liebe die Menschen so schwer zu begreifen scheinen ...

Herz, nicht Gesetz! Gesetz immer nur als Zaun, immer nur als Schutz um dieses Herz. Gesetz als Sonne und Licht, als Zeichen seiner Liebe, nie als Last und Druck. Gesetz als die väterlich-strenge Form der herzlichen Mütterlichkeit Gottes, die bewahren, nähren und hegen will.
Nichts scheint diesem Gott der Liebe so zuwider zu

sche. Dieses »Empor« ist zugleich ein »Hinein«, ein intimes Nahekommen im GEIST.

Für das geistliche Leben mag uns diese Wahrheit eine wichtige Erkenntnis erschließen: daß es ein Fortschreiten gibt, das nicht ein Weiterschreiten sein muß; daß *»Empor« zum »Hinab«* werden kann, und *»Hinab« zum »Hinauf«*. Die gewohnten Dimensionen, an denen wir so gern festhalten möchten, werden durcheinandergewirbelt oder eigentlich erst richtiggestellt, da das zunächst Richtige noch nicht die himmlische Dimension ist, so wie unsere Rechenkunst nicht der göttlichen entspricht. –

Es gibt einen Fortschritt in den Abgrund hinein, in einen »gesegneten Abgrund«, wie die Gotterfahrenen das nennen. Und manche scheinbare Höhenwanderung im geistlichen Bereich ist erst Aufenthalt im Vorgelände, ist statt vermeintlicher Gratwanderung ein Spaziergang auf den Vorbergen. Wir dürfen uns nicht an die gewohnten Ausdrücke vom geistlichen »Fortschritt« klammern. Es gibt für die neuen, österlichen Dimensionen noch keine neue, österliche Sprache außer im Kinderlallen und im Sprechen »wie ein Tor« (2 Kor 12, 11).

Offenbarung als Dialog

Die gesamte Liebesoffenbarung Gottes als göttliche Selbsterschließung geschieht auf *Zwiesprache* hin, zielt auf den *Dialog*. Gottes Wort wartet auf Antwort. Gottes Spruch ist immer An-Spruch. Im Alten

Testament mit seinen urtümlichen Einübungen und Vorübungen hat man bei Engelszenen geradezu den Eindruck, als springe dieses Gotteswort den Menschen an, als packe es ihn ...
Glaubend antworten auf Gottes Wort, das kann man nicht ein- für allemal. Mit Gott und Gottes Wort wird man nie fertig. Sein Liebeswort ist wie alle Liebe unruhig, will immer etwas, drängt und stößt, bohrt und rumort ...
Das Wort Gottes kann den einzelnen packen, ihn auch aussondern für eine besondere Aufgabe. Aber nie nur für ihn allein. Nie wirkt es sektenhaft isolierend ... Das *Wort will Volk,* über den einzelnen die Gemeinschaft, von den Patriarchen und Propheten bis zu den Aposteln des HERRN, von der Urkirche bis zur Kirche unserer Zeit.
Glaube als liebende Antwort, als vertrauende Zusage zu Gottes Wort ist zwar etwas ganz Persönliches, aber in Entstehung und Wachstum Geschenk der Gemeinschaft.

Geistliches Leben und Kirche

Das Wort Gottes ist der *Kirche* gesagt. Das schöpferische Wort Jesu ist kirchenstiftend, schafft die Kirche als lebendigen, wachsenden Bau. Man kann das Wort Gottes nicht privat haben, nicht senkrecht, vertikal von oben, sondern nur in der Horizontalen der Kirche. Man kann es sich deshalb auch nicht einfach durch einsames Grübeln und Sichversenken erschließen. Wir müssen und dürfen es teilen mit Brüdern und Schwestern. Die hilfreiche Auslegung und erlösende Anwendung dieses Wortes wird uns sicher nur geschenkt, ohne egoistische Beimengungen, im brüderlichen, schwesterlichen Beisammen und Zusammen. Alles persönliche Sichversenken setzt die Kirche voraus, lebt von der kirchlichen Verkündigung und wird durch die kirchliche Gemeinschaft vor Verirrung und Verwirrung bewahrt.

JESU Liebesbotschaft hat kirchlichen Charakter. Das hat eine sehr praktische Folge für unser geistliches Leben: Durch das liebende, geduldige Hören auf den Mitmenschen, durch das Offensein für den Nächsten und seine konkrete Alltagsnot wird uns erst Herz und Ohr geöffnet für das Hinhorchen auf Gott. Vielgestaltig und auf mancherlei Art spricht Gott: früher wie heute. Die in CHRISTUS »zuletzt« zusammengefaßte Offenbarung (Hebr 1, 1 f.) geht wieder aufs Konkrete, auf den wirklichen Menschen und seine wirkliche Alltagswelt mit ihren vielgestaltigen Beziehungen und vielartigen Querverbindungen. Eine Zufallsbegegnung kann uns eine wirksamere und fruchtbarere »Exegese« (Auslegung) des Gotteswortes vermitteln, als es ein gescheiter Kommentar vermag. Die besten Schriftkommentare sind und bleiben deshalb die Auslegungen der Heiligen aller Zeiten, die als lebendige Bibeln das Gehörte und Gelesene konsequent gelebt haben.
Durch das in der Gemeinschaft der Kirche vermit-

telte Gotteswort erfahren wir Gottes Auffassung über Welt und Weltgeschichte, über die menschliche und außermenschliche Schöpfung, über Ursprung, Sinn und Ziel alles Geschaffenen. Nicht lehrhaft, sondern in lebendigem Geschehen, im Ineinander von Schuld und Sühne, im Durcheinander von Liebe und Haß, im oft sehr verworrenen Knäuel menschlicher Leidenschaften. Das ist das Große, das Eigentliche, das für das geistliche Leben Fruchtbare aller Bibelbetrachtung.
Das Gotteswort der Bibel enthält auch schon die Menschenworte, die auf das Gotteswort gegebene oder verweigerte Antwort. Von den Schöpfungsworten bis zu den Gerichtsworten der Apokalypse, von den Ur-Verheißungen bis zu den Verheißungen Jesu wird uns Gottes Art und Weise, mit seiner Welt umzugehen, vermittelt.
Damit wird das Wort Gottes notwendig zum Gericht, nicht erst zum End-Gericht, sondern jeweils hier und heute, für Kirche wie für Einzelchrist. Das Wort stellt wieder richtig, was wir so gern verrücken. Es gibt auch zunächst gutgemeinte Versuche solchen Zurechtrückens nach eigenem Gutdünken oder in guter Meinung, anderen zu helfen. Diese frommen Versuche sind gefährlicher als die eigentlichen Irrtümer, weil schwerer zu durchschauen. Nicht umsonst wird deshalb von Propheten und Aposteln immer wieder vor dieser Verkehrung gewarnt. Selbst die Engel des Himmels werden dabei nicht ausgenommen (Gal 1, 8), um durch solche Unmöglichkeiten den ganzen Ernst der Warnung

zu zeigen. – Geistliches Leben aus Gottes Wort: anders ist es nicht *geistlich,* anders ist es nicht *Leben.*

Geistliches Leben und Liturgie

Der schönste Dienst, den die Liturgie dem geistlichen Leben leistet, ist die Vermittlung einer tiefen Ehrfurcht vor dem nahen und doch ebenso unendlich fernen und von Menschenwort und Menschensehnsucht nie zu fassenden Gott. Ohne diese Grundhaltung der Ehrfurcht, einer liebenden Ehrfurcht und ehrfürchtigen Liebe als Einheit, bleibt alles religiöse Tun und alles noch so umtriebige geistliche Leben verdächtig als fromme Selbstbefriedigung oder versteckte Selbstsucht. Die Liturgie bewahrt dann weiterhin unser geistliches Leben vor Isolierung, vor individualistischer Absonderung. Manche Einzelgruppen heutiger »charismatischer Bewegung« sind dieser Gefahr teilweise erlegen. Der HEILIGE GEIST wirkt keine Isolation, sondern Kommunikation. Der HEILIGE GEIST ist der *Kirche* gegeben. Geistliches Leben ist von Grund und Wurzel her kirchliches Leben. Deshalb auch sakramentales Leben. Und als Konsequenz auch gelebte Kirche als zupackende Liebe, als praktischer Alltagsdienst an Alten und Kranken, an Behinderten und sonstwie der Liebe und Sorge Bedürftigen. GEIST drängt auf Mitteilung, auf Teilhabe und Teilgabe. Dienst an Kranken nicht einfach nur in einer zur Gewöhnlichkeit werdenden »Handauflegung«, die jede Krankheit heilen soll. Das wäre gewiß nicht erneuerte Urkirche oder neues Pfingsten. Erneuerung im GEIST, Erweckung der Tauf- und Firmgnade (Taufe und Firmung als tiefe Einheit gesehen) führt zum Ja der Bereitschaft, zur Annahme auch von Leid und Krankheit. Viele Dauerkranke leben das still und ohne fromme Aufwendigkeit seit Jahren, ohne auch nur das neue Modewort »charismatisch« zu kennen.

Die Liturgie ist das geistliche Leben der Kirche, in das alles andere, auch die ehrwürdigen Volksandachten und vieles außerhalb der Liturgie Gewachsene, sorgfältig hineingenommen werden muß: nicht im Sinn einer Vermischung oder gar Verwischung (der Rosenkranz ist keine Liturgie und gehört nicht in die liturgische Feier, wie Papst Paul VI. in seinem ausführlichen Lehrschreiben über die Marienverehrung vom 2. 2. 1974 deutlich sagt). Alles Beten und Meditieren, alle reiche Vielfalt geistlichen Tuns und Bemühens ist irgendwie Einübung für das konzentrierteste geistliche Tun, die Eucharistiefeier als Mitte und Kern christlichen und darum geistlichen und kirchlichen Lebens. Und zugleich ist alles andere Ausstrahlung dieser »Sonne des geistlichen Lebens«, wie Franz von Sales die Eucharistie nennt. – Es geht auch hier um das intensive Streben nach der Einheit: die von Gott geschenkte Gabe der Einheit wird auch hier zu unserer schönen Aufgabe.

Das große Ziel des geistlichen Lebens ist:

ein vom Wesentlichen her, von den Grundwahrheiten her bestimmtes geistliches Leben, *biblisch* fundiert, *liturgisch* geformt und daher immer und in allem *kirchlich* orientiert. Das Streben nach diesem Ziel verlangt den Einsatz aller guten Kräfte.

Gnade als Bewegung

Gnade ist nicht nur etwas, was man bewahrt, hütet, sichert, sondern etwas, was *wächst,* sich also regt und bewegt, was drängt und bedrängt, unruhig macht, keine Ruhe läßt. Gnade ist Herzschlag, liebendes, pochendes Herz: Herzschlag Gottes, der zum Herzschlag des Menschen werden möchte in einer Intimeinheit der Liebe, die für die menschliche Sprache unsagbar ist.

Gnade ist frei geschenkte, nie zu beanspruchende, schöpferische Liebe Gottes, die der Begnadete in der Freiheit der Liebe erwidern darf. Gnade ist also gar nicht »etwas«, keine Sache, sondern ganz persönlich: der sich uns schenkende Gott, der uns geschenkte Sohn Gottes. Gnade trägt einen ganz persönlichen Rufnamen: JESUS, der als der CHRISTUS der GEIST-Begabte ist, der uns Seinen GEIST schenkt, in dem wir nun mitrufen dürfen »Abba, lieber Vater«.

Es geht nie um die »Sache JESU«. Sachen lassen kalt. Es geht nur um die Person JESU. Es geht um ein Herz, das schlägt. Gnade ist ein Liebesvorgang »von Herz zu Herz«.

Von der biblischen Offenbarung her ist die Begnadung des einzelnen geschenkte Teilgabe und ehrfürchtige Teilnahme an der Begnadung der Gesamtkirche, die hineingenommen ist in die große Liebesbewegung Gottes, in eine Heilsgeschichte, die im Herzen Gottes ihren Ursprung hat und dort wieder zur Ruhe kommen soll, einer seligen Ruhe, die weiterhin bleibt ein von Liebe zu Liebe, von Herz zu Herz ...

Wachsende Kirche

Wachstum im geistlichen Leben: das ist zunächst die *Kirche* als im GEISTE CHRISTI und von CHRISTUS her und auf CHRISTUS hin wachsende. »Die Kirche ist, indem sie wächst« (H. Schlier).
Die Kirche *ist* heilig, aber dadurch, daß sie heilig *wird*. Nichts von ihrer aus CHRISTI Tod und Auferstehung empfangenen Herrlichkeit wird ihr damit genommen: sie wird nur noch schöner. Es ist nicht die starre Schönheit toter Bildwerke, sondern die lebendige, wachsende, der Hochzeit entgegenreifende Schönheit der Braut.

Geist als Offenheit

Der HEILIGE GEIST ist als Gabe für uns die *»Offenheit Gottes«* in die Welt, in seine Schöpfung hinein. In der Geistsendung findet das Menschwerden Gottes seine Vollendung. »Vom Himmel her«, von Gott her, dessen Herz sich öffnet. So öffnet nun der GEIST auch unsere Herzen. ER reißt die Herztiefen auf, öffnet Quellgründe, die unserem Tagesbewußtsein unzugänglich sind. Der GEIST ist das Quellende, Strömende, Fruchtende und Befruchtende. Dieser Intimvorgang letzter Liebe ist ein Empfangen, das auf Geburt hin geschieht.

Das Sichoffenhalten für Gott, dieses Sichausliefern an eine letzte Liebe ist unsere eigentliche »Leistung«, wenn man unbedingt in diesem Intimbereich in der gewohnten Sprache reden will. Dieses Sichhinhalten, dieses Sichauftun und Offenbleiben auf Gott hin ist Betätigung unserer edelsten Kraft und intimsten Begabung, der Hingabefähigkeit, die mit dem Wachstum des geistlichen Lebens sich immer mehr entfaltet. Die Seelsorgserfahrung mit den wahrhaft Frommen, den demütig Kleinen, den Unscheinbaren und keinen Lärm Machenden bestätigt das immer wieder. Es sind die kostbaren Erlebnisse, die wertvollsten Geschenke für den priesterlichen Seelsorger in der mühsamen und doch auch müh-seligen Arbeit des Geleitens und Anregens in diesem geistlichen Bereich. Denn mehr als »Begleiter der Gnade« (Bischof Sailer) kann und darf der Priester nicht sein.

Dieses scheinbar »passive« Verhalten des Begnadeten (wie die großen Lehrer des geistlichen Lebens das nennen, besonders Johannes vom Kreuz,

dessen »Dunkle Nacht« in letzte Abgründe der Liebe führt), diese »Passion« ist kein träges Nichtstun als Gegensatz zu wacher Tat. Genau das Gegenteil entspricht der geistlichen Wirklichkeit: dieses demütige Sichhinhalten, auch als bewußte, freiwillige *Vorwegnahme des eigenen Todes* als totales Verfügenlassen Gottes; dieses ehrfürchtige Geöffnetsein, dieses liebende Bereitsein für Gottes Wirken »HERR, du kannst mit mir machen, was du willst« (Therese von Lisieux) ist intensivere Tätigkeit, ist hellere Wachheit und wirkendere Wirksamkeit als alles von den Menschen oft so bewunderte fromme Gewerkel und hastige Dauergetue mancher »apostolisch« tätigen Menschen. Daß man dabei zuweilen (als Lob gedacht) noch von »fieberhafter« Tätigkeit spricht, verrät die ganze Unnatürlichkeit geistlicher Akzentverschiebungen.
CHRISTUS, der mit der siebenfachen GEIST-Fülle Begabte, vermittelt alles Wachstum. ER wirkt das Wachstum des Leibes, der Kirche, zugleich ist alles Wachsen ein Wachsen auf ihn hin, wie von ihm her, ist ein Wachstum in ihn hinein, also ein Wachstum als immer stärkere, ausgeprägtere Christusförmigkeit.

Geistliches Reifen als Mit-Wachstum

Geistliches Wachsen ist als Wachsen der Kirche, des Leibes CHRISTI, immer *Mitwachstum.* Der einzelne wächst, weil er Glied ist, weil er (nach einem anderen Bildgleichnis) Rebzweig am Weinstock CHRISTUS ist (Joh 15, 1 ff.). Es ist also kein einsames »Streben nach Vollkommenheit«, wie das zuweilen so formuliert wurde.

Und doch ist es nicht nur gemeinschaftliches Wachsen, bei dem der einzelne nur Glied, nur Rebzweig wäre (kein Bild und Gleichnis kann im geistlichen Bereich alles sagen, ja eine Überdeutung zerstört oft direkt das eigentlich damit Gemeinte). Jeder einzelne hat seine besondere Gabe, jeder hat seinen ihm besonders zugedachten und von Gottes Vorsehung zugeteilten Dienst (vgl. Eph 4, 7 ff.). Alle haben einen Auftrag der Liebe für alle insgesamt und für je einzelne, die ihnen als »Nächste« anvertraut sind.

CHRISTUS wirkt das Wachstum, aber er läßt als Liebender andere teilnehmen. Er läßt als der Hauptschenkende andere mitschenken. *Alle dürfen allen Gnade vermitteln,* jeder gemäß seiner von CHRISTUS empfangenen Gnadengabe.

Der Gott der Liebe läßt sich vermitteln: Er schenkt uns seine Liebe durch seinen Sohn. Dieser Sohn Gottes schenkt uns seinen HEILIGEN GEIST, daß dieser ihn verherrliche (Joh 16, 14). Und so geht dieses Schenken und Vermitteln weiter, daß auch die Begnadeten in ihrer Art Gnade vermitteln, daß auch die von Gott Geliebten Liebe austeilen dürfen.

Wie wir leider, im Negativen, aneinander *schuldig* werden können, so dürfen wir, Gott sei Dank, positiv, einander *»gnädig«* sein, einander Gnade

schenken von Gott. Das ist für den, der weiß, was Gnade ist, nie etwas Beschämendes, sondern etwas herzerfrischend Schönes.
Es gibt nicht nur die vertikal geschenkte Gnade Gottes. Sie wird mit dem Eindringen in die »Erdatmosphäre«, in die Menschenwelt, zur horizontal weitergeschenkten Gnade »durch jedes Gelenk zur Hilfeleistung« (Eph 4, 16). Aber alles wirkt er, CHRISTUS, durch seinen GEIST, er allein, aber er als Mittler und durch Vermittlung. Hier liegt die Wurzelwahrheit für alles christliche Dienen und für alle apostolische (also auf GEIST-Sendung gründende) Tätigkeit in der Kirche: sei es als »Amt« (neutestamentlich: Diakonia, also Dienst) oder »unbeamtet«. Aller Dienst kann christlich und »geistlich« nur geschehen in Liebe und Ehrfurcht, nie von oben herab, sondern nur von unten hinauf, wie es die Fußwaschung als Bildtestament JESU der Kirche verpflichtend hinterlassen hat.

Wachstum universal

Vielleicht ist in den inhaltsdichten Aussagen der Verse 7–16 des vierten Kapitels des Epheserbriefes noch eine andere Wahrheit (die den ganzen Brief als Grundton erfüllt) ausdrücklich enthalten: Mit unserem Wachsen ist das Schicksal des ganzen Kosmos, des gesamten Universums, also der Gesamt-Schöpfung innerlich, »geistlich, vom GEIST her und durch sein Wirken, verbunden. Durch unsere, der begnadeten Menschen Geistbegabung und geistliches Wachsen zur Vollendung hin dürfen wir »das All zu ihm hin wachsen lassen« (so übersetzt H. Schlier Eph 4, 15: vgl. Der Brief an die Epheser, [2]1958, 190 und dazu die Erklärung 206 f.). Mit dem Wachstum der Kirche wächst CHRISTUS. »Unter ihrem inneren Wachstum, unter ihrer Annäherung an CHRISTUS, unter ihrem Eingehen in die Fülle Christi läßt sie das All zu Christus hin wachsen. Damit ist folgendes gesagt: Das letzte Ziel ist Christus als das Haupt des Alls. Dieses Ziel wird im Zusammenhang des Wachstums der Kirche erreicht und nur in solchem Zusammenhang. Die Erbauung der Kirche ist immer auch die Erbauung des Alls« (S. 206). –

Geistliches Wachstum ist also ein Wachstum von *kosmischen Ausmaßen* und von *weltweiter Verantwortung*. Geistliches Leben ist also kein Vorgang in einem Herzenskämmerlein. Der GEIST erfüllt *Herz* und *Welt*. Sein Atem ist Weltatem. Sein Wirken zielt aufs Ganze und Universale. Es darf uns darüber ruhig unseren Atem »verschlagen«, daß unser geistliches Leben weiträumiger, hochherziger werde im Sinn jener »Hochgemutheit«, die als christliche Grundhaltung zu den Konsequenzen aus dem Liebesplan Gottes gehört, wie sie gleich zu Beginn des vierten Kapitels des Epheserbriefes genannt werden (4, 1–3).

Der VATER als Ursprung und Ziel

Nichts scheint so selbstverständlich wie die Selbstverständlichkeiten. Das gilt auch für das geistliche Leben. Der »VATER voll unermeßlicher Majestät« (Lobgesang des Tedeum) ist erster Ursprung und letztes Ziel alles geistlichen Wachsens und Reifens. Diese Grundwahrheit muß gelebt, gebetet, erfahren werden als Macht und Kraft.
»Zur Ehre und zum Lobe Gottes« (Phil 1, 11), »zum Lobpreis seiner Herrlichkeit« (Eph 1, 12. 14), »zum Lobpreis seiner herrlichen Gnade, mit der er uns begnadet hat in dem Geliebten« (Eph 1, 6). »Der Gott unseres Herrn JESUS CHRISTUS, der Vater der Herrlichkeit« (Eph 1, 17). König des Himmels, Gott, Allmächtiger Vater (Gloria der Eucharistiefeier): Er ist Ursprung, Urquelle und zugleich Vollendung, Endziel aller Liebe. In seinem Herzen beginnt und voll-endet sich diese gewaltige Liebesbewegung, dieser heilige Wachstumsprozeß. – Sollte nicht manche einseitige, zuweilen auch etwas verängstigte, »Heilandsfrömmigkeit« biblischer werden, um damit auch krisenfester und kirchlicher zu werden?

Wachsende Liebe

Wachsende Liebe führt zu immer größerer *Freude*. Was froh macht, ruhig und gelassen, was Vertrauen und Mut vermittelt, das ist ja nach den geistlichen Lehrern aller Jahrhunderte von Gott. – Was uns bedrückt und mutlos macht, was lähmt und verwirrt, kommt nicht von Gott, sondern vom Geist der Verwirrung.

Alles Wachsen ist Geheimnis, von den untersten Bereichen des Lebendigen bis ins Geistige. Erst recht ist und bleibt geistliches Wachsen immer Geheimnis nicht nur als Nicht-Wissen oder Noch-nicht-Wissen, sondern Mysterium als »Tat-Geheimnis«, als Ur-Sein und Ur-Sinn, der das übrige prägt und zuinnerst formt, aber selber nicht nur nicht durchschaut, sondern auch nicht erforscht werden kann. Hier ist der Ur-Bereich der Anbetung, des schweigenden Geltenlassens, des ehrfürchtigen Nichtberührenwollens ...

Wachstum im geistlichen Leben – wer wollte dieses innerlichste Leben beobachtend »feststellen«, wer sollte da irgendwie zählen, rechnen wollen ... Schon wenn man das nennt, spürt man das völlig Unmögliche, Ungebührliche solchen Tuns.

Aber wir können das geistliche Wachsen, das Wachsen in Glaube, Liebe und Hoffnung an seinen guten Wirkungen irgendwie erkennen, als etwas Schönes und Beglückendes an uns selber und mehr noch bei anderen, denen wir liebend und vertrauend verbunden sind, erfahren. Ohne solche geistliche Erfahrung wären wir arm und würden unsicher.

Wachsende Liebe bringt immer mehr in jene liebende Nähe und ehrfürchtige Vertrautheit mit Gott, die sich dann zeigt in einer guten Feinfühligkeit und wachen Aufmerksamkeit allen Gnadenanregungen gegenüber. Nicht mehr Gebote und Pflichten, sondern Wünsche und Winke, zarte Andeutungen und leise Hinweise bestimmen das geistliche Leben: die Vornehmheit der Liebe, die erfreuen will, die fragt, was mehr Freude macht. »Wer ist es, der Gott gefällt? Der, dem Gott gefällt« (Augustinus). –

Wachsendes Gebetsleben

Das Gebet hat seine unentbehrliche Bedeutung für das geistliche Leben dadurch, daß es für das geistliche Wachstum die dafür günstige und förderliche Atmosphäre schafft und erhält. Gebet ist Ausdruck geistlichen Reifens und zugleich Voraussetzung dafür.

In der Lehre vom geistlichen Leben spricht man von »Gebetsstufen«, ein Ausdruck, der an das Hinaufsteigen erinnert. Das damit Gemeinte erschließt sich noch mehr, wenn man dieses Geschehen und Geschehenlassen als Wachstumsphasen sieht mit den jeweils damit verbundenen Wachstumskrisen. Ohne Gebetsreinigungen, ohne »Durststrecken« (beim Bildgleichnis vom »Wanderweg«) gibt es kein Wachsen und Reifen, das ja immer ein unscheidbares Ineinander von göttlicher Gnade und menschlicher Hingabe ist, von Christuswerk und Menschenbereitschaft.

Wachstum im Beten macht unser Gesamtbeten, mit seinen vielfältigen Einzelbereichen und je persönlichen Möglichkeiten, im buchstäblichen Sinn

»christlicher«, christusbezogener, immer mehr dem Geiste JESU entsprechend, und damit ehrfürchtiger, liebender, einfacher. Damit dann auch *»geistlicher«,* so daß der uns geschenkte Heilige GEIST immer deutlicher der Betende, der im Herzgrund unserer Begnadung Rufende und Drängende wird (Röm 8, 26 f.), auch für unsere Gebetserfahrung.

Reifendes Beten wird damit auch *kirchlicher,* universaler, immer mehr zu jener für das gesamte geistliche Leben entscheidenden Einheit von »Kirche und Herz« oder »Seele und Kirche«, was bei den Kirchenvätern (vor allem bei Ambrosius und Augustinus) als inhaltsdichte Formel begegnet.

Wachstumskrisen

Jede Lebenskrise ist immer auch eine Wachstumskrise fürs geistliche Leben: sei es, um nur die wichtigsten anzudeuten, der entscheidende Übergang vom Kind zum reifen Menschen, die Pubertätszeit; oder die Krise der »Lebensmitte« (»Lebenshöhe«) um die vierziger Jahre; und dann die Alterskrise, etwa zwischen sechzig und siebzig. Krise meint nicht etwas nur Negatives, sondern vor allem etwas sehr Positives: die Möglichkeit einer Lebenssteigerung, die »Leere« vor einer neuen Fülle, das Ausruhen und Unsichersein vor einem neuen Standgewinnen, um von da aus einen neuen Weg gehen zu können ... Es gibt Gnadenzeiten für den einzelnen Menschen (wie für die Kirche im ganzen), die nie wiederkehren, oft verbunden mit einer großen Enttäuschung: mit dem schmerzlichen Ende einer langen Freundschaft (vielleicht aus Mißverständnissen, die sich in dieser begrenzten Welt einfach nicht klären lassen); oder im Zusammenhang mit einem Todesfall, der bisher Gewohntes endgültig beendet; oder mit dem Aufgebenmüssen eines langgeübten Berufes. Wer an Grenzen kommt, wer die eigene Tragfähigkeit in ihrer Beschränktheit demütig erleben muß, wer verliert, wer »abnimmt« ..., der sollte hellwach werden, um den Gnadenruf in diese Notsituation, die immer auch eine Wende, verbunden mit einem Ende, bringt, nicht zu überhören.

Ohne Krisen gibt es kein Weiterwachsen. Ohne Wehen gibt es keine Neugeburt, ohne Leid keine Gotteserfahrung. Hier soll nochmals hingewiesen werden auf die wesentliche Bedeutung der bewußten Hinnahme des Todes, nicht nur allgemein (»Alle Menschen müssen sterben«), sondern des für *mich* von Gottes Liebe gefügten Sterbens (Einübung der »Kunst des Sterbens«). Es gibt auch, weil beim Gott der Liebe kein Ding unmöglich ist, eine echte *Nachreife.* Sie kann gewiß verlorene Zeit und vertane Möglichkeiten nicht einfach ersetzen. Aber es gibt ein Aufholen, ein Sühnen und Büßen, eine Gnadenerfahrung der Liebe Gottes als barmherziger Liebe, eine geistliche Erfahrung, die das große Urvertrauen weckt und diese Nachreife schöner und überzeugender macht, als es ungestörtes Wachstum in einem ruhigeren Lebenslauf sein kann ...

Geistliches Wachsen als Geheimnis

Das geistliche Wachstum ist ein *Geheimnis.* Es ist ja Gott am Werk. Das Wachsen und Reifen führt, wie es ausgeht von Gott, auch wieder in Gott hinein. Es gibt keinen »geistlichen Test«, der uns vielleicht verraten könnte, wie weit wir sind, wo wir genau stehen, ob und wie und wie schnell wir wachsen. Es wurde schon gesagt, daß alles Wachsen ein Geheimnis ist, nur in den Wirkungen zu erforschen, aber nie im innersten Kern und Wesen. Dichteres Leben und Wachsen ist auch dichteres Geheimnis. Das ist der schützende Mantel um dieses kostbare Geschehen, das einhüllende Schweigen. Das ist wie wehrende Vorhöfe um ein Allerheiligstes. Ehrfurcht vor dem Geheimnis dieses geistlichen Wachsens in uns und andern wird uns davor bewahren, vorschnell zu urteilen, »ehe der Herr kommt: Er wird erleuchten das im Dunkel Verborgene und offenbar machen das in den Herzen Gewollte, und dann wird einem jeden sein Lob zuteil von Gott« (1 Kor 4, 5).

Es gibt gewiß mehr geistliches Wachsen und Reifen, es gibt mehr edles Streben und Ringen (um neben der göttlichen Seite auf die menschliche hinzuweisen, die beide das Ganze ergeben), es gibt mehr Heiligkeit neben uns (oft Wand an Wand), als wir ahnen. Mancher schlichte Mensch, dessen äußeres Gebaren, dessen Reden und Urteilen uns abstößt, kann doch tiefer drinnen einen Reichtum tragen, dem Gottes Alltagsvorsehung die schützende Hülle abstoßender Unvollkommenheit gegeben hat ...

Nichts ist fertig in dieser Werdewelt. Der Christ ist als Wachsender ein Werdewesen auch mit all dem weniger Schönen, das mit dazugehört. Es gehörte auch bei den Heiligen mit dazu, und nur eine weltfremde lebensunerfahrene Harmonisierung hat daraus ein wenig anziehendes Allerweltsschema von »Vollkommenheit« gemacht, zuweilen bereits von allem Anfang an. Das Berechtigte daran war, daß alles von Anfang an, schon vor der Geburt (»auserwählt vor Grundlegung der Welt«), daß alles also Gnade ist. Aber der menschliche Reifevorgang darf darüber nicht retuschiert werden.

Stieg und Fall als vorletzte Dimensionen

Auch das »Absinken« kann ein Fortschreiten sein hin zum Ziel. Auch das »Stillestehen« kann eine Bewegung sein hin zur Vollendung: Wir bleiben stehen, aber vielleicht »bewegt sich« Gott? Seine Dimensionen sind nicht unsere, und unsere Wege nicht seine Wege. – Rückschläge, schwere Enttäuschungen, Nichtmehrglaubenkönnen, Nichtmehrliebenkönnen, innere Leere und Öde, die nackte Hilflosigkeit und das (von uns so erlebte) Ausgeliefertsein an alle dämonischen Mächte – all das ist eingefügt und eingeordnet von einer alles überschauenden Liebe in diesen geistlichen Wachstumsprozeß, in dieses Reifen zu ihm hin, der Wurzel und Frucht in gleicher Weise trägt.

Je mehr er uns selber demaskiert in schmerzlichen

Entblößungen von allen feinen und feinsten Formen frommer Eigensucht und nur sehr schwer durchschaubarer Eigenwilligkeit, um so klarer leuchtet in allem sein Angesicht, um so mehr werden die Christuszüge deutlicher, in denen wir den VATER schauen dürfen. Vielleicht darf man die Formulierungen wagen: Je mehr einer »fällt« für sein eigenes Empfinden und geistliches Erleben, um so mehr gefällt er Gott. Gott muß, wie Augustinus sagt, den Menschen nicht erst klein machen, um selber groß zu sein, im Gegenteil! Aber es gibt ein Kleinwerden, das Größe meint. Ohne das schmerzliche Erleben der Umkehrung aller irdischen und menschlichen Dimensionen gibt es keinen Zugang in die letzten Regionen der Liebe. Schon der Tanz der Atome paßt nicht in die Alltagsrhythmik. Die letzte »Kehr« zu Gott, von der mittelalterliche geistliche Lehrer so beharrlich predigen, schließt auch letzte Umkehrungen mit ein. Nicht umsonst sind die konsequenten Liebenden, die Heiligen, wie ein Franziskus von Assisi dem Normalchristen und seinem Allerweltsblick so sonderbar, so »entrückt«, ja »verrückt« erschienen, damals wie heute.

Mut zum Wachsen

Sei's Stieg, sei's Fall, Absinken ins Bodenlose oder Entrücktwerden ins Grenzenlose – alles verantwortet er, alles Fallen und Steigen, alles Wachsen und Reifen, er, der es in seinen Händen, ja in seinem

Herzen trägt, das groß und tief und weit genug dafür ist. In diesem Vertrauen auf ihn haben wir den *Mut zum Wachstum* als Mut zum Loslösen, zum Abstoßen bisher notwendiger schützender Häute und Hüllen, als Mut zum Abschied, zum Abschied auch von Frömmigkeit und frommen Liebhabereien, die uns einst gefördert haben, aber später eine Belastung wurden. Nicht alles Gute ist immer gut. Nicht das für diesen Förderliche ist auch für jenen anderen hilfreich.

Vielleicht verlangt er, der all dieses Wachsen als Ganzes verantwortet, zuletzt nur noch dieses *dauernde Loslassen,* bis wir nichts mehr in Händen haben, um dann das Eigentliche packen zu können: so wie er uns ja auch einmal in leere Hände und in offene Herzen hinein seinen Himmel schenken will.

Ein Trost bleibt uns, freilich oft nur in einem dunklen Glauben, der hoch über der Gefühlssphäre liegt und keinerlei spürbare Freude bietet: Das Wachstum geschieht im Gnadenraum, im Liebesbereich der *Kirche,* immer also umsorgt und bewahrt in einer mütterlichen Atmosphäre. So kann der mit letzter Liebe Begnadete auch eine scheinbar letzte Einsamkeit durchstehen. Wir können uns in diesem ungeheuren Geschehen, dessen tiefer Grund und unabsehbare Dimensionen uns erschrecken und verstören könnten, auf ihn verlassen, den Gott der Liebe und Gnade, dessen Treue an jedem von uns und an der Kirche und damit an der gesamten Schöpfung vollenden wird, was sie begonnen hat.

Versuch einer Zusammenschau

Zwei Extreme scheinen unser geistliches Leben immer neu zu bedrohen: eine *Verstiegenheit,* die sich in unerreichbare Ideale verliebt und darüber das Angebot der Liebe Gottes im Nächstliegenden übersieht ... Da hilft nur die große Gnade einer Desillusionierung, einer heilsamen Ernüchterung, in der die eigenen Grenzen gesehen werden und dann die uns persönlich von Gott zugedachte Aufgabe. –

Das andere Extrem ist die träge *Genügsamkeit:* Es lockt kein Ziel mehr. Vielleicht hat man es einmal versucht, hat zu hoch gezielt, und jetzt gibt es nichts mehr, was reizen und locken könnte ... Es ist so leicht, beim überreich gefüllten Lager frommer Worte und Begriffe, auch für solche Trägheit und geistliche Verdrossenheit, für diese kalte Interesselosigkeit sogar eine biblische Begründung und eine fromme Rechtfertigung zu finden. Es gibt auch genug Ersatz, nicht nur Nikotin und Weingeist statt des Heiligen GEISTES ...

Geistliches Leben wird gelebt in dem mir von Gott durch meine Berufsarbeit, durch meine Begegnungen, durch meine Krankheit und mein Älterwerden geschaffenen »Bereich«. Vor allem aber durch das, was jeder Tag bringt, erwartet oder auch nicht erwartet. Gerade durch das, was »quer« kommt und so das heilige Kreuz ergibt. Jeder Bereich ist »göttlicher Bereich«, wenn du glaubst und dieser Glaube dir dafür die Augen öffnet. Die »erleuchteten Augen des Herzens« (Eph 1, 18) sehen überall den Herrn. Nicht nur »aus Meer und Kraut und Stein und Licht schimmert sein kindlich Angesicht« (Novalis), sondern auch aus dem Nebel der Vergangenheit und aus der »dunklen Nacht«, und ebenso leuchtet er aus den Fernen der Zukunft.

Im »Ordentlichen« leben und dabei doch allzeit offen bleiben für das Außerordentliche. Im »Gewöhnlichen« festgehalten, doch bereit bleiben für das Ungewöhnliche. Die Liebe liebt die Überraschungen. Es gibt nicht nur den »ordentlichen Gott« der schön geregelten frommen Sachen, sondern auch den »außerordentlichen Gott«, der liebt und begnadet, wann und wo und wie er will. Gott liebt sicher nicht die »Paragraphen«. Aber wer Ordnung und gute Übung und stete Einübung verachtet, vor allem dann, wenn er zugleich damit auch die sich Plagenden mitverachtet, der ist gewiß nicht auf der rechten Spur. Die Abgrenzung ist nicht immer leicht. Aber binden, einschränken, festlegen – das darf man nicht tun mit einem Gott schöpferischer Liebe. JESUS hat sich freiwillig annageln lassen. Aber das war von den Menschen her ein Verbrechen, das Schrecklichste, was sich die Menschheit je geleistet hat. Gott hat daraus das weltverwandelnde Mysterium der Erlösung geschaffen. Gott wird mit allem fertig. Er kann alles und jedes brauchen und benützen. Er kann begnaden und zur Vollendung führen – und dafür den ihm zur Verfügung stehenden »Apparat« seiner Schöpfung und Erlösung benützen. Er kann aber ebenso als Schöpfer mit dem

Geschöpf (und nur er kann das) in der nackten Unmittelbarkeit der Liebe handeln und »verhandeln«. Und keiner darf fragen: Warum tust du das?

Am gewöhnlichsten Werktag kann eine ungewöhnliche Heimsuchung der Gnade stattfinden. Dann ist unsere Persontiefe, unser freies Personzentrum, ist, biblisch gesprochen: unser »Herz« als die von der Liebe Gottes ansprechbare Wesenstiefe, zur Antwort angerufen. Wir können dann auch, immer getragen von diesem schöpferischen Gnadenruf, einen verwandelnden Akt setzen, der eine Veränderung herbeiführt bis in unsere Wesenstiefe hinein: durch einen herzhaften Verzicht, durch ein freudiges oder auch schwer abgerungenes Ja, das das Ersteigen einer neuen Höhe ermöglicht. Ganz praktisch durch einen Vorstoß aus dem Unverbindlichen nur sogenannter religiöser »Akte« in den Alltagsbereich der harten Fakten: indem wir einem Menschen endlich verzeihen, den wir bisher, gegen alle inneren Selbsttäuschungen nun eben doch nicht geliebt und liebend ertragen, sondern dem wir etwas »nachgetragen« haben. Nun folgt das Verzeihen nicht auf der Oberflächenschicht oder indem wir mehr beschämen als gutmachen, sondern mit dem Herzen. Und wir alle wissen sehr genau, was da gemeint ist. Nur wollen wir das leider sehr oft nicht wissen, erst recht nicht praktizieren.
Durch solches Tun kann dann etwas schmelzen oder doch zu schmelzen beginnen, das wie eine Eisschicht unser ganzes Frömmigkeitsleben blockiert hatte. –

Oder das von der Gnade angeregte geduldige Hinnehmen einer Verdemütigung vor anderen kann uns für immer immun machen gegen alle so törichte Abhängigkeit von Menschenlob, das wir so beharrlich, natürlich immer »zur größeren Ehre Gottes« oder der Kirche oder auch einer Ordensgemeinschaft, in allem und jedem, direkt oder (die Geübteren!) indirekt suchen und genießen.

Wachstum im geistlichen Leben ist *Gnade* auf allen Stufen und bis in alle Wurzeln und mit allen Früchten. Und doch darf man nicht nur, sondern muß vom Evangelium und seinen Gleichnissen und Mahnungen her; man muß, mit der paulinischen Verkündigung in Ohr und Herz, sagen: Geistliches Leben ist auch *Streben,* hartes Ringen und Kämpfen, beharrliches Mühen. Und auch das wieder auf allen Stufen und vom Anfang bis zum Ende, von der »Reinigung« bis zur »Einigung« (um eine nicht sehr glücklich angewandte Dreiteilung anklingen zu lassen).
Dieser menschliche Anteil ist etwas besonders Köstliches, Erdenruch und Menschenschweiß, nicht nur Buße und Sühne als Sündenfolge, sondern eine herrliche Offenbarung der Liebe Gottes, die nicht den Ehrgeiz hat, alles und jedes allein zu tun, einer Liebe, die Mit-Liebende will (Duns Scotus).
Ob jene Menschen, die aus guten Gründen und in verständlicher Absicht eifern für die »Alleinwirksamkeit« Gottes, nicht doch letztlich klein und kleinlich von diesem großen Gott großer Liebe denken,

der es sich leisten kann, so »menschlich« zu schaffen, so »umständlich« zu erlösen, daß man fast meinen könnte, *er sei gar nicht da.* Dieses scheinbare Abwesendsein Gottes ist sein dichtestes Dasein, wie das Kreuz des Karfreitags zeigt und jede »dunkle Nacht« in einem geistlichen Leben konsequenter Christusnachfolge.

Nicht jeder braucht alles zu tun. Keiner kann die ganze Fülle CHRISTI empfangen und nachgestalten, obwohl jeder nach dem Bild CHRISTI gnadenhaft geformt ist und diese Christusprägung ausgestalten darf und soll. Aber es sind nie CHRISTUS-Kopien, sondern jeweils einmalige Originale. Jeder darf und kann so werden, wie Gott ihn persönlich gedacht und gewollt hat in einmaliger, der vielfältigen Gesamtbegnadung eingeordneter Begnadung.

Daher gehört die Freude über die Begnadung anderer, höher und tiefer und schöner als wir Begnadeter wesentlich zu einem gesunden geistlichen Leben. Die Freude darüber, daß andere es besser können, weiter kommen, mehr geliebt werden, ist ja nur eine Form der liebenden Anerkennung der unerschöpflichen Liebe Gottes. Die ganze Fülle GOTTES wohnt wesenhaft nur in CHRISTUS. Die Christen als durch CHRISTUS Begnadete können nur in Teil-Gabe und Teil-Nahme seine Fülle dankbar empfangen und nach ihrer Einzelerwählung im Ganzen und für das Ganze zu leben versuchen. Vollenden kann dieses Liebesabenteuer nur der, der es in Gang gesetzt hat. Daß diesem GOTT der Liebe nichts danebengeht, daß es keine ernsthafte Gegenmacht gibt gegen ihn, das wieder mit allen praktischen Konsequenzen zu glauben und vertrauend durchzuhalten gegen allen erschreckenden Augenschein – das scheint unserer Generation als besondere Aufgabe aufgegeben zu sein. Alle guten Herzkräfte der Liebe sollten wir dafür aktivieren und aktivieren lassen. *Glaubensfreude zu vermitteln,* ist heute wohl die edelste Gabe der Liebe.

»Aus IHM und durch IHN und auf IHN hin ist alles: sein ist die Herrlichkeit in Ewigkeit. Amen« (Röm 11, 35).

Anton Kner

Worte von Mensch zu Mensch

Notizen, Gedanken, Meditationen, Briefe und Gespräche
226 Seiten, Broschur, 5. Auflage

Neben dem großen Dialog zwischen Kirche und Welt bleibt das kleine Gespräch von Mensch zu Mensch Hauptanliegen der Seelsorge. Dieses Anliegen wird von Pfarrer Kner in diesem Buch, das gar nicht genug empfohlen werden kann, aufgegriffen. Dem Laien werden diese Notizen, Meditationen und Gespräche ein Zeugnis echter Seelsorge sein, dem Priester werden sie neuen Mut zum Gespräch mit den Verlorenen und Suchenden geben. *Der Prediger und Katechet*

Briefe in allerlei Nöte

124 Seiten, Snolin, 3. Auflage

Der Band enthält Ermunterungen in allerlei Konflikten, in Depressionen, Krankheit, Frustration, Glaubensschwierigkeiten usw. In solchen schwierigen Situationen helfen nicht viele Worte, aber Verständnis, das in diesen Briefen zum Ausdruck kommt.

Durch jede Buchhandlung

seelsorge · echter

Josef Eger

Leben im Heiligen Geiste: Geistliches Leben